GEORGES WEULERSSE

L'ALIMENTATION RATIONNELLE

LES [illegible]

D'INTÉRIEUR

LE MODE ALIMENTAIRE ACTUEL

PARIS
[illegible] ÉDITEUR

DE

L'ALIMENTATION RATIONNELLE ET PRATIQUE

DES ARMÉES EN CAMPAGNE ET A L'INTÉRIEUR

3095 — PARIS IMPRIMERIE LALOUX Fils et GUILLOT

7, rue des Canettes, 7

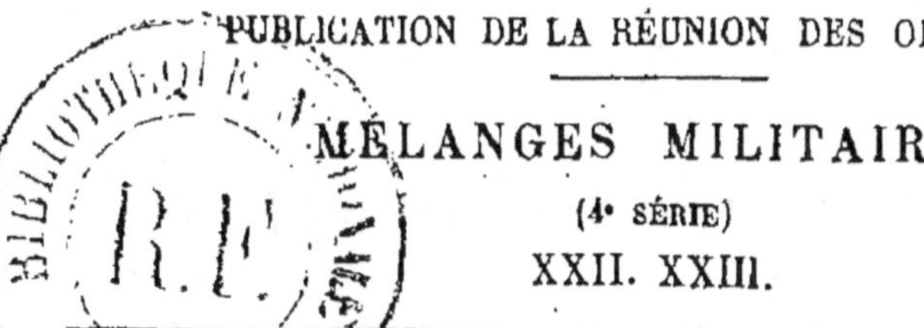

MÉLANGES MILITAIRES

(4ᵉ SÉRIE)

XXII. XXIII.

DE

L'ALIMENTATION RATIONNELLE

ET PRATIQUE

DES ARMÉES EN CAMPAGNE

ET A L'INTÉRIEUR

TRANSFORMATION

DU MODE ALIMENTAIRE ACTUEL

ET CONSTITUTION DES GRANDS APPROVISIONNEMENTS

PAR LE Dʳ E. LUX

MÉDECIN-MAJOR DU 8ᵉ RÉGIMENT DE DRAGONS

PARIS

CH. TANERA, ÉDITEUR

LIBRAIRIE POUR L'ART MILITAIRE ET LES SCIENCE

Rue de Savoie, 6

1881

DE

L'ALIMENTATION RATIONNELLE

ET PRATIQUE DES ARMÉES

> *L'homme est ce qu'il mange.*
> KANT.

Les événements qui se déroulent sur nos frontières algériennes donnent une importance et une actualité nouvelles au problème encore mal résolu de l'alimentation des armées en campagne.

« *Wenn man eine Armee bauen will,* disait Frédéric le Grand, *so muss man mit dem Bauche anfangen, denn dieser ist das Fundament davon,* » et, suivant ce mot toujours juste, l'alimentation du soldat n'a pas cessé d'être l'objet de la sollicitude constante et des éternelles préoccupations des généraux qui savent que, pour construire une armée, il faut commencer par le ventre, — qu'on l'entende de l'armée de paix d'abord, de l'armée de guerre ensuite.

Or, la viande fraîche étant, sans contredit, la base la plus naturelle de tout régime alimentaire, on comprend vite que « le meilleur régime militaire sera celui où la viande entrera pour la plus forte part. » Cet axiome est emprunté à M. le professeur Morache, notre hygiéniste bien connu, aux travaux duquel nous aurons souvent recours. Toutefois, ce qui est possible et à peu près normal en garnison, à l'intérieur, répond fort imparfaitement aux exigences du temps de guerre, où la difficulté des moyens de transport constitue de sérieux obstacles à la formation des approvisionnements nécessaires à une armée. Il arrive que les éventualités de la guerre et les insuffisantes ressources des pays parcourus imposent, dans de nombreux cas, l'obligation de pourvoir les troupes, soit en masse, soit surtout en colonnes d'opération mobiles et plus ou moins espacées les unes des autres, de moyens d'alimentation entraînant la moindre quantité possible des *impedimenta* constitués par les convois de vivres et le ravitaillement. Le présent travail vise à la solution du problème impérieux qui s'impose.

Il est évident, pour l'esprit le plus optimiste, que l'on n'a pas chez nous assez résolument abordé la question alimentaire relative à la masse d'hommes que mettent en mouvement les guerres modernes; aussi la littérature française offre-t-elle, pour le but à atteindre, un champ de recherches assez restreint, tandis que les ouvrages étrangers, au contraire, ont donné toujours abondamment à glaner. En Allemagne, en particulier, cette question continuellement à l'ordre du jour a produit des travaux spéculatifs, où les données pratiques sont bien de nature à fixer l'attention des hygiénistes et des hommes compétents, avec lesquels nous pensons que, si l'argent est le nerf de la guerre, il faut en dire autant de la santé et de la vigueur du soldat.

La nécessité est absolue de fournir une alimentation bonne et régulière aux troupes en campagne. On ne peut compter que sur le soldat bien nourri, seul capable du courage et de l'effort nécessaires, comme les Anglais, en Crimée, qui n'allaient au feu qu'après avoir mangé et mangé plantureusement. On n'a pas encore oublié que, les premières difficultés passées, nos alliés, instruits par l'expérience, surent réaliser des conditions telles qu'ils parvinrent à faire toute la campagne avec des résultats sanitaires et autres, que nous leur avons enviés, sans les obtenir, même de loin.

Ce qui était vrai pour notre armée d'alors, comptant une notable proportion d'anciens soldats, à la sérieuse force de résistance virtuelle, le devient aujourd'hui bien plus encore pour nos hommes jeunes, absolument jeunes et, partant, dépourvus de ces qualités qui faisaient la solidité d'autrefois. Si les conscrits gagnent très bien une bataille, ils sont incapables, quand tout ne les y aide, d'un effort continu et de longue durée. L'homme qui n'a pas atteint un certain âge, 25 ans et plus, s'use vite et s'affaisse, pour peu qu'il ne trouve pas à l'heure voulue d'abondants matériaux de réfection. Nous comprenons dès lors, sans peut-être encore en voir la réalisation absolue dans la pratique, l'idée poursuivie au delà du Rhin de pourvoir peuple et armée d'un mode d'alimentation basé sur cette théorie « *qu'il est bon et qu'il est nécessaire de trouver des* ingesta, *susceptibles d'être assimilés sans pertes et sans fatigue pour l'organisme.* »

Nous venons de parcourir, de concert avec un de nos amis, très versé dans la matière, M. le capitaine L. Kirn, du 20ᵉ régiment d'infanterie territoriale, un volumineux ouvrage, édité à Berlin, en 1880, qui fait faire un pas énorme à la solution du problème posé dans l'intérêt tout à la fois de l'armée et des classes ouvrières. L'auteur de ce travail, résumant dix années d'expériences suivies, M. le docteur C. A. Meinert, a tenté la mise en pratique des théories sur l'alimentation générale, émises par M. le professeur C. von Voit, de Munich, bien connu par ses travaux spéciaux, fort appréciés au delà du Rhin. Au milieu de considérations biologiques, chimiques et autres extrêmement développées, nous y trouvons une longue et consciencieuse étude d'un produit, d'une préparation de viande, due à M. le professeur Hoffmann, de Leipzig, dont les procédés de fabrication spéciale jusqu'ici ne sont pas dévoilés. Ce produit, que nous nous sommes procuré et que nous avons sous les yeux, nous semble absolument digne de fixer l'attention, et dans nos rapports avec l'auteur, un médecin saxon dépourvu de tout caractère officiel, nous avons obtenu les renseignements précis dont résultent les indications fournies au cours de notre mémoire.

Les études et les expériences nécessaires, commencées en 1870, se sont poursuivies surtout de 1874 à 1880, au moyen de viandes tirées de l'Amérique du Sud et manipulées exclusivement en Allemagne, et les essais, tentés sur plusieurs milliers de kilogrammes de viande fraîche, ont donné des résultats assez positifs pour permettre d'opérer en grand et d'abaisser considérablement le prix de revient.

Disons sommairement que ce *patent-fleischpulver* se différencie de tous les extraits de viande jusqu'à ce jour livrés au public, en ce qu'il contient, en forte proportion, les éléments albuminoïdes, dont ces derniers sont totalement dépourvus, et le kilogramme, d'une valeur de 2 marks 10 pfennige (3fr.125), correspond à six kilogrammes de viande fraîche, prise à l'abattoir, os et déchets compris.

Mais avant d'insister sur les qualités particulières du produit qui nous occupe, nous demandons à présenter un rapide exposé du mode alimentaire en usage dans l'armée française, avec l'appréciation et les *desiderata* qu'il nous paraît comporter.

Il est généralement admis que si la ration du soldat français est, en garnison, à l'intérieur, bien juste suffisante pour subvenir à son entretien normal, elle devient en campagne tout à fait insuffisante. A ce moment les fatigues incessantes, les marches très longues, les intempéries des saisons, les combats, tout contribue à augmenter les pertes de l'économie et, malgré l'enthousiasme, malgré l'énergie du soldat, la nature finit par reprendre ses droits. Surviennent alors les maladies spéciales bien connues qui, plus que le fer de l'ennemi, affaiblissent et entament les armées en campagne. Le soldat, mal nourri, tombe malade et reste en arrière; il compte dans l'effectif d'entretien, mais, perdu pour l'action, il rejoindra bien difficilement, car, même guéri, c'est affaibli, découragé, qu'il reparaît et dépourvu de cette énergie du début, du feu sacré, dirions-nous presque. Or, le plus excellent de tous les moyens de prophylaxie réside dans l'alimentation, qu'il importe d'élever à la hauteur des nécessités du moment.

L'organisme humain, comparable à une machine à vapeur, a besoin, pour la continuité de son fonctionnement normal, d'une certaine quantité d'azote et de carbone qui existe, à l'état de combinaison, dans tous les produits dont s'accommode notre estomac. Ce qui doit être augmenté dans l'alimentation en campagne, ce sont les substances azotées, la viande, par conséquent, qui pare le mieux et avec la moindre fatigue organique à l'usure résultant du travail excessif; c'est la viande qui fait le muscle et ramène le plus puissamment la vigueur. Notre ration de guerre remplit mal cette indication ; elle dépasse de trop peu la ration de garnison, à l'intérieur, déjà impuissante à réparer les forces du soldat, aussitôt qu'il fournit un travail soutenu.

Prenons les fixations journalières réglementaires : 22 grammes d'azote ne sont qu'une bien juste mesure, car M. Dumas évalue à 24 grammes, et M. de Gasparin à, 25 grammes, la quantité d'azote nécessaire à l'homme qui travaille. Les Allemands tiennent encore ces chiffres pour insuffisants. Or, les diverses substitutions qu'entraînent les circonstances imprévues et forcées d'une campagne ont pour résultat ordinaire d'augmenter, plus que de raison, la proportion de carbone, en diminuant encore l'azote, facteur indispensable et trop parcimonieusement alloué. Il arrive, par exemple, qu'au lieu de viande fraîche, qu'il est difficile de se procurer, on distribue 200 grammes de lard, soit 116 grammes de carbone en plus, quantité gênante et superflue, mais aussi 4^{gr},84 d'azote en moins, alors qu'il est impossible de prétendre remplacer physiologiquement ceux-ci par le supplément de riz ou de légumes secs dont se satisfait la chimie pure et ses lois. En général, la ration de viande pèche par insuffisance, le reste étant bien; il serait nécessaire d'en surélever de moitié, sinon davantage, la quantité réglementairement allouée, et nous serions encore loin des conditions hors ligne où se trouvaient placées les troupes russes lors de la remarquable expédition de Khiva, en 1873.

Il serait utile aussi d'élever légèrement, ce qui a été fait dans maintes circonstances, l'allocation de sucre et café; ce sont là de véritables aliments, aliments d'épargne, réels, plastiques et calorifiques, qu'une grosse erreur fait trop souvent remplacer par la ration prétendue correspondante de vin ou d'eau-de-vie. Les alcooliques ne constituent pas à proprement parler des aliments; accordés à un homme bien nourri, ils peuvent se comparer au coup d'éperon pour un cheval vigoureux et convenablement entretenu, mais leur action est nocive ou nulle, dès qu'elle s'adresse à des organisations manquant du nécessaire.

Toutes ces considérations nous semblent ici à leur place, et bon nombre de nos officiers les connaissent déjà qui ont pu, comme nous, à l'École spéciale militaire de Saint-Cyr, où nous étions alors attaché en qualité d'aide-major, les entendre magistralement exposées dans le cours d'hygiène professé par notre excellent ami, M. le professeur J. Arnould.

Ration du soldat français sur le pied de guerre.

	POIDS.	AZOTE.	CARBONE.
	grammes.	grammes.	grammes.
Pain : 1 kilogr.	1.000	12 »	300 »
ou biscuit.	750 »		
Viande fraîche : 300 gr.	300	7,20	26,20
(désossée : 240 gr.).			
Légumes secs.	60	2,60	28,60
Sucre.	21	»	9 »
Café.	16	0,20	2 »
	1.397	22 »	365,80

(ou 1.147 gr. avec biscuit) + sel 16 grammes.

La ration nécessaire devant comporter :

	POIDS.	AZOTE.	CARBONE.
	grammes.	grammes.	grammes.
Viande fraîche.	500	12 »	44 »
(désossée : 400 gr.).			
Sucre.	25	»	10 »
Café.	20	0,25	2,60

(Le reste comme ci-dessus.)

équivaudrait à une totalisation quotidienne de 1.605 grammes (ou 1.355 grammes avec biscuit), représentant 26^{gr},85 d'azote et 385^{gr},10 de carbone.

Et ne considérons pas cette fixation comme excessive, étant donné le grand déploiement de force du soldat en campagne et aussi la qualité inférieure de la viande que l'on peut s'y procurer, tandis que les calculs analytiques sont toujours établis sur des vivres de premier choix.

Voici, en aperçu comparatif, la quantité de viande allouée sur le pied de guerre aux soldats des principaux États de l'Europe.

Armée austro-hongroise.

Viande, 560 grammes (azote, 32 grammes, valeur de la ration totale).

Armée russe.

Viande, 453 grammes (en Crimée), élevés en 1873 (Khiva) à 2 livres sur pied, soit 820 grammes, ce qui constituait un appoint de 10 grammes d'azote, portant à 30 grammes la valeur nutritive minimum de la ration journalière.

Armée anglaise.

Viande fraîche ou salée, au minimum 453 grammes, élevés réglementairement, *dans toutes les circonstances de guerre*, d'une quantité variable, en plus d'un appoint de végétaux frais ou en conserve (azote, 22^{gr}.50 surélevés de tout ce que représentent les allocations réglementaires dites indéterminées).

Armée allemande.

Viande, de 375 à 500 grammes (azote, 21 à 25 grammes), sans parler des rations supplémentaires de réquisition ou de conquête (*eiserne portion*).

Armée espagnole.

Dix rations différentes ; la ration n° 1 donne 500 grammes de viande, mais dans toutes les autres les proportions sont établies de manière à fournir toujours très sensiblement 25 grammes d'azote.

Armée italienne.

Viande fraîche, 300 grammes, ou salée, 240 grammes (azote, 21 grammes).

Dans ces différentes évaluations, le bœuf salé ou le lard et, seulement en Espagne, la morue salée, aliment supérieurement azoté, représentent les éléments qui visent à remplacer la ration de viande fraîche absente.

Ce n'est pas que l'on n'ait cherché souvent à introduire dans le régime alimentaire du soldat des préparations et des conserves tenant lieu de vivres frais. L'*Erbswurst* prussien en est une des plus récentes et des meilleures preuves, et les *extraits de viande, bouillons concentrés, tablettes de bouillon*, etc., ont été essayés, expérimentés depuis longtemps, pour la nourriture des gens de guerre. L'idée de réunir sous un mince volume les matériaux nutritifs de la viande est de date ancienne. Déjà au xviie siècle et sous le ministère de Louvois, on employait, à l'instar des Orientaux, des tablettes de bouillon et une poudre de viande, qui donnait un fort bon potage. Cette préparation, réservée aux hôpitaux et aux villes assiégées, n'était délivrée aux troupes que dans les cas où l'on ne pouvait leur allouer de viande fraîche. De nos jours les extraits Liebig, Robert Thoot et autres, ont eu leur vogue et leurs partisans; en Russie, le bouillon de renne est estimé plus qu'il ne vaut; en Allemagne, en Autriche, en France même, différents produits ont tour à tour sollicité l'attention, mais aucun d'eux jusqu'ici n'a su garder intacte la faveur publique.

Est-ce à dire que la solution du problème depuis si longtemps poursuivi sera la transformation pure et simple des substances alimentaires en conserves proprement dites ? Nous pensons qu'il y a mieux, pourvu que l'on s'écarte du sentier battu. Jusqu'à ce jour on n'a présenté aucun extrait de viande réellement alimentaire ; le meilleur de tous, de l'aveu même du baron Liebig, est bon tout au plus à jouer un rôle d'adjuvant, en temps qu'ajouté à d'autres préparations, soupes aux légumes, bouillons plus ou moins fades ou, mieux encore, à des préparations culinaires sérieuses, dans lesquelles de véritables aliments, la viande surtout, figureront pour une bonne proportion.

Tenons-nous-en à cet aperçu rétrospectif et voyons comment il serait permis d'envisager, dans un avenir prochain et sans augmenter les allocations budgétaires présentes, la transformation du régime officiel de l'armée, régime monotone en tout temps et de plus, si particulièrement impraticable en temps de guerre.

Variis modis bene fit, dit le proverbe, de l'uniformité naît l'ennui, mais sans nous pousser bien vite dans la voie du progrès. Le procès du bœuf bouilli et de la soupe depuis longtemps a beau être chose faite, l'on en est cependant toujours à la soupe et au bœuf bouilli. Nous le regrettons avec la certitude, acquise à l'avance, qu'un changement radical des procédés culinaires provoquera la méfiance et, d'emblée, sera mal accueilli de nos hommes, religieusement attachés aux vieilles habitudes. La raison, c'est que la cuisine variée, en dehors de la soupe au pain classique, leur fournit difficilement des préparations d'un volume sérieux, alors que le volume est nécessaire, dans une certaine mesure, aux aliments qu'ils ingèrent. Donc, si la monotonie doit disparaître du régime militaire, ce n'est pas aux dépens de la quantité des *ingesta*, bien au contraire. On doit se tenir en garde contre les systèmes de laboratoire, qui ne voient dans l'estomac qu'une cornue, dans la digestion qu'un acte chimique. Il y a autre chose à considérer et le système Benting sérieusement institué est loin d'être un jeûne méthodique, si tant est qu'il puisse suffire au soldat.

On affirme souvent, par à peu près, que la ration militaire est égale, sinon supérieure, à la quantité d'*ingesta* des ouvriers ou des habitants des campagnes, dont l'alimentation n'est pas méthodiquement pondérée. C'est une erreur absolue que détruisent les chiffres officiels et en voici quelques exemples : dans le département de Vaucluse, l'ouvrier agriculteur reçoit par jour, 1.972 grammes d'aliments, représentant 22^{gr},15 azote ; — dans la Corrèze, 2.680 grammes et 24^{gr},26 azote ; — dans le Nord, 3.740 grammes et 31^{gr},30 azote ; — l'ouvrier anglais des chemins de fer, 2.410 grammes et 31^{gr},90 azote ; — l'ouvrier vaudois 3.410 grammes et 27^{gr},84 d'azote, et leur alimentation n'est pas monotone à désespérer. Notons que l'ouvrier irlandais ingère de 13 à 14 livres de substances alimentaires, dont moins de 1 p. 100 de viande, et qu'il n'absorbe même pas 19 grammes d'azote ; l'ouvrier de Lombardie, qui mange moitié moins, se substante un peu mieux, grâce à la farine de maïs, mais avec une aussi minime quantité d'éléments animalisés. Ce sont là de véritables *végétariens*, qui font la preuve indiscutable du précepte de Brillat-Savarin : *On n'est pas nourri par ce que l'on mange, mais bien par ce que l'on digère*, précepte que nous tentons d'appliquer à l'alimentation de nos troupes.

Sans prétendre absolument que l'alimentation fait tout dans un peuple et dans une armée, nous sommes d'avis, et nous le répéterons sans cesse, que rien ne peut faire plus. Nous pourrions énumérer les inconvénients que depuis longtemps, en nosologie, les médecins rapportent à l'alimentation, car, si nous sommes dans le vrai en cherchant à en améliorer les conditions, les articles les plus judicieux et les plus multipliés n'ont rien pu jusqu'à présent en l'absence d'allocations budgétaires. Aussi, malgré l'opposition probable, qu'il importe de vaincre, du soldat, le premier intéressé dans la question, il est nécessaire et urgent de changer

franchement le modus alimentaire actuel, serait-ce
même au prix de sacrifices certains ; il est temps de
ne plus perdre gratuitement, pour produire l'insipide
bouillon que l'on sait, à peu près tout, parfum, goût
et propriétés alibiles des viandes employées.

Ce qui précédemment a frappé d'impuissance tous
les essais de mise en pratique des *menus variés,* c'est
la trop faible allocation que l'on y peut consacrer, et
la question de volume toujours, sans parler de l'habi-
leté souvent problématique des cuisiniers de régiment,
a ramené à l'antique coutume. La ration réglemen-
taire ne permet pas de faire mieux qu'on ne fait,
alors qu'il en serait tout autrement si elle pouvait être
augmentée. Inutile d'insister sur ce point ; un tel
résultat semble incompatible avec le budget et les
errements actuels, et c'est ailleurs qu'il faut cher-
cher les moyens de nous procurer à prix économique des
aliments complets et d'une réelle digestibilité, avec
les qualités voulues de sapidité et de goût agréable.

Le problème, avons-nous dit, a fait un grand pas
vers la solution ; il semble qu'on aperçoit le but et
que prochainement l'on pourra améliorer et varier
l'alimentation militaire, tout en réalisant des écono-
mies susceptibles alors d'être employées à l'achat
d'aliments nouveaux, jusqu'alors inabordables autant
qu'ignorés du soldat.

C'est par l'emploi des viandes d'Amérique que la
question se résout ; le tout était d'en faire une préparation réunissant les qualités requises et nécessaires
de fond et de forme, leur prix, comme on le sait,

étant presque nul. M. le professeur Hoffmann, de Leipzig, a donc imaginé de préparer d'une certaine façon, qui reste sa propriété, et par grandes masses, ces viandes perdues sans profit, et les résultats constatés du *patent-fleischpulver* sont tels, que l'alimentation universelle en deviendra meilleure et, du coup, de bien moindre cherté (1).

Nous avons dit plus haut en quoi consistaient les expériences de la période d'essais; voici quelques renseignements au sujet de la valeur alimentaire du produit préconisé, point reposant sur les données scientifiques les plus certaines (2).

La valeur nutritive de la viande réside exclusivement dans la proportion considérable des éléments albuminoïdes ou azotés qu'elle renferme, sous une forme éminemment propre à l'assimilation(3). C'est, à ce titre, la nourriture de l'homme qui travaille, le

(1) Il y a fort longtemps déjà qu'en Norwège on vend communément dans le peuple un produit que les Allemands désignent sous le nom de *fleischmehl* (farine de viande); M. le professeur von Pettenkofer, de Munich, qui en fait l'éloge, le tient pour l'analogue du nôtre et dit que le moment est venu où certainement les autres peuples vont adopter une semblable forme alimentaire, à peu près inconnue jusqu'ici.

(2) Les analyses citées au cours de ce mémoire sont dues à Liebig, Ranke et von Voit, et celles plus spéciales au *patent-fleischpulver* ont été revues point par point et minutieusement contrôlées par M. L. Kirn, que nous avons plaisir à remercier et à féliciter ici publiquement du talent qu'il a mis à d'aussi délicates recherches.

(3) Ces éléments albuminoïdes ou azotés, dont il est souvent question, sont tenus pour représenter environ le sixième de leur poids en azote.

moyen de réfection par excellence, plus puissant encore que le lait et les œufs, ces deux autres types des aliments azotés, auxquels ne peuvent être comparés ni les légumes, ni les farines, ni rien de semblable.

Donc, pour qu'une conserve de viande représente cette valeur, il est indispensable que les diverses opérations qu'elle a subies n'aient rien changé véritablement à la nature intime de la matière première. La conserve vaudra tout naturellement alors la viande qui l'a fournie, dont le choix n'est pas non plus sans importance, ainsi que l'on s'en peut convaincre en jetant les yeux sur les tableaux suivants :

Valeur moyenne en azote

Viande de bœuf		3.20	pour
—	veau	3,13	
—	cheval	3,48	100
—	mouton	3,15	
—	porc	3,25	parties

La viande de cheval, comme on le voit, est la plus riche et le mouton vient en dernière ligne.

Composition des diverses sortes de viande

	eau	m. album.	m. grass.	cendres.	
Viande de bœuf très grasse	54,67	16,93	27,23	1,08	pour
— entrelardée	72,25	21,39	5,19	1,17	
— maigre	76,71	20.61	1,50	1,18	100
Viande de vache grasse	70,96	19,86	7,70	1,07	
— maigre	76,35	10,45	1,78	1,32	parties

La viande de bœuf maigre offrant les plus sérieux avantages par sa composition toujours à peu près identique et sa valeur nutritive considérable permet d'obtenir un produit toujours constant dans sa forme et, à ce titre, elle est employée, à l'exclusion de toute autre, pour la préparation qui nous occupe

Il est à noter que la composition chimique des éléments albuminés de la poudre de viande répond parfaitement à la composition de la viande de bœuf *maigre* desséchée. Les analyses, maintes fois répétées, du produit du professeur Hoffmann ont fourni, pour 100 parties :

Environ 10 parties d'eau.

    —   10   —   de sel commun.

    —   80   —   d'albumine desséchée, les sels et matières extractives y figurant pour 7 parties.

D'après ces données l'on voit sans peine la valeur absolue d'un produit alimentaire contenant 73 p. 100 d'éléments albuminoïdes, alors qu'il est, d'autre part, d'une digestion facile et qu'il abandonne à l'eau bouillante toutes les matières extractives et nutritives de la viande fraîche, ce qu'il est impossible d'obtenir en opérant directement sur celle-ci, quels que soient d'ailleurs le mode et la durée de la coction. Nous allons maintenant montrer qu'il réunit en sus les autres conditions, qui permettront de l'introduire avantageusement dans l'alimentation militaire, au point de vue du prix de revient, de la conservation facile, de la préparation culinaire rapide et de la commodité de transport et d'emballage.

Le prix de revient est un peu supérieur à 3 francs le kilogramme. Au prix réduit où l'armée, les administrations et les hospices peuvent se procurer la viande de boucherie et, d'autre part, déduction faite

du poids des matières grasses qu'on y trouve norma-
lement, puisque notre préparation n'en renferme pas,
nous réalisons par l'usage de celle-ci une économie
certaine de 80 p. 100 et même du double, si l'on
prend comme terme de comparaison les prix payés
par la masse du public.

Exemple d'application : Qu'une fois par semaine
un régiment de 1.000 hommes reçoive une quantité de
poudre de viande correspondant à l'allocation régle-
mentaire de viande fraîche, il en résultera, au bout de
l'année, une économie d'au moins 2.000 francs au
profit de l'ordinaire, sans parler de l'amélioration
très positive qui en adviendra dans l'alimentation des
hommes.

La *conservation* de cette *poudre de viande* paraît
indéfinie. Depuis 1870, de forts échantillons, existant
encore, sont toujours en bon état et le même produit,
obtenu en grand dans les années 1874 à 1876, s'est
prêté aux expériences les plus décisives. Il a été, par
fortes quantités, expédié dans le Sud-Amérique, où
l'on en a constaté la parfaite conservation, puis réem-
ballé et renvoyé en Europe. Il continue à s'y garder
intact, fort goûté de toutes les personnes compétentes,
officiers, soldats, auxquels on le présente sous n'importe quelle forme ou combinaison alimentaire; nous
en avons nous-même maintes fois répété l'expérience.

Or, quelle n'est pas la valeur d'un semblable
aliment, inaltéré après six années d'emballage, de
voyages et d'emmagasinage, pour l'approvisionnement de la marine, des villes assiégées et des troupes,

en temps de manœuvres et en temps de guerre ? Poser la question, c'est la résoudre.

La question de *volume* n'est pas de moindre importance et nous la résolvons purement par des chiffres : 500 grammes de la poudre de viande, équivalant à 5 ou 6 livres de viande fraîche, n'ont que 750 centimètres cubes au lieu de 3.200 à 4.000 centimètres cubes, d'un volume, qui peut encore se réduire, si la préparation est agencée en tablettes ou cartouches comprimées.

Dans une caisse de 80 centimètres de côté, on loge 470 kilogrammes de poudre de viande en tablettes, représentant au moins 2.350 kilogrammes de viande fraîche. Le calcul de l'équivalence, au cinquième seulement, des rations de paix et de guerre, auxquelles il faut ajouter une ration intermédiaire, que nous appellerons ration de manœuvres, nous apprend que dans une caisse semblable on trouve, en chiffres ronds :

7.800 rations de garnison (à 300 grammes de viande fraîche).

6.000 rations de manœuvres (à 400 grammes de viande fraîche).

4.700 rations de guerre (à 500 grammes de viande fraîche).

On n'ignore pas qu'il faut de 10 à 12 têtes de bétail ordinaire, en campagne, pour atteindre ce chiffre de 4.700 rations de guerre. Les bêtes à cornes sont trop souvent sujettes à des détériorations qui excèdent toute probabilité ; en 1870, par exemple, nos bestiaux amaigris fournissaient à peine 40 p. 100 de viande et graisse, contre 60 d'os et de déchets inutilisés, et il en était de même du côté des Allemands. Combien nous étions alors loin de la proportion dite normale, du quart au cinquième, de parties perdues !

Une petite voiture, un wagonnet de provisions chargeant quatre de ces caisses, suffirait pour assurer chaque jour, sans frais, avec facilité et à heure fixe, la subsistance de 18 à 20.000 hommes de troupes au contact de l'ennemi, à la seule condition d'y ajouter la graisse ou le lard nécessaire, avec un appoint de sel commun, sel de cuisine, qui figure en proportion insuffisante dans la composition de la préparation initiale.

Mais, sauf le sel de condiment, dont il faudra s'occuper à part, rien n'est plus facile que de faire entrer tous les éléments d'une alimentation complète dans les divers agencements auxquels se prête le produit initial, comme nous allons le voir. On peut incorporer ou mélanger la poudre de viande dans de certaines proportions à des farines, des légumineuses ou des céréales, de deux manières : ou bien, 1° la préparation s'ajoute à des soupes et à des légumes, pommes de terre, semoule, riz, orge, etc., au moment de leur apprêt ; ou bien, 2° elle est additionnée, à l'avance, de pois, lentilles, haricots, riz, gruau, etc., y compris une certaine quantité de graisse, et présentée sous la forme de tablettes formant une ou plusieurs rations d'une division régulière et facile. On a aussi fabriqué une sorte de biscuit, de *fleisch-*

pulver et farine, pour constituer une alimentation complète et suppléer même au pain. Les résultats en sont encourageants et assurent l'approvisionnement de réserve de la marine ou des places investies ; il suffit de 400 grammes pour représenter cette ration journalière de nécessité.

Toutes ces diverses préparations, poudre, avec ou sans farines et biscuit, sont agencées en boîtes de plusieurs kilogrammes à l'adresse des officiers.

L'intention du gouvernement allemand est d'en faire un large essai pendant les manœuvres, où l'on s'ingéniera à en introduire la plus grande quantité possible, à titre d'expériences décisives, dans l'alimentation des troupes.

Voici une formule établie dans cet ordre d'idées :

Matin, conserve de café, 25 grammes ; *midi* et *soir*, 175 grammes de poudre de viande et légumes, ou bien seulement 125 grammes additionnés de 150 à 200 grammes de viande conservée en boîtes de fer-blanc, que nous connaissons tous, ou bien encore, les 400 grammes net de *biscuit de viande durable*.

Le poids de la ration totale n'excéderait pas 6 à 700 grammes par jour, et le volume deux tiers de litre. Chimiquement, on y trouve 130 grammes de matières albuminées, 100 grammes de graisse et 350 grammes d'hydrates de carbone, c'est-à-dire plus qu'il n'en faut pour la dépense organique d'une forte étape. L'analyse est satisfaisante, car, sans tomber dans l'exagération que nous avons signalée plus haut, nous pensons qu'une soupe préparée avec 50 grammes de poudre de viande dans un demi-litre d'eau possède une valeur nutritive supérieure tout à la fois au potage obtenu avec 250 et 300 grammes de viande fraîche et au bœuf bouilli qui en résulte, sans préjuger de la question volume. Et nous en affirmons une fois de plus les qualités particulièrement sapides, qui paraissent devoir entrer en sérieuse ligne de compte et peser de leur poids dans la balance, si l'on veut bien se rappeler que les hommes en campagne prennent vite le dégoût des soupes de viandes trop fraîchement abattues, comme nous l'avons presque toujours remarqué dans la guerre de 1870.

La *préparation* des aliments par la poudre de viande est aussi facile que rapide ; projeté dans l'eau chaude, le produit se dissout immédiatement et peut être aussitôt ingéré. Pour les tablettes additionnées de légumes, dix minutes sont indispensables, mais suffisantes pour la cuisson, bien qu'il soit avantageux, si l'on en a le loisir, d'attendre vingt et trente minutes. On voit le précieux avantage qui en résulterait pour les troupes en campagne avec la certitude, d'autre part, d'être convenablement approvisionnées toujours, quand la viande fraîche fera défaut.

Au moyen d'un système simple et facile de *divisibilité*, les tablettes de poudre de viande se peuvent partager très aisément et correspondent sans difficulté aux rations dites de garnison, de manœuvres ou de guerre.

Enfin, au point de vue spécial de l'approvisionnement en campagne, le petit volume de la poudre de viande donne une énorme *facilité de transport* et des *frais d'emballage* presque nuls.

Il est bon de dire que la préparation se conserve intacte, quel que soit l'emballage choisi; pour de petites quantités, on emploiera le papier parcheminé ou végétal, pour de grandes masses, de simples caisses en bois.

Sous ce rapport, le *patent-fleischpulver* n'a aucun besoin des contenants indispensables à toutes les conserves alimentaires, qui exigent les unes, *cornedbeef* ou *boiledbeef,* des boîtes de fer-blanc, les autres, *extraits, infusions* ou *solutions* de *viande,* des vases de porcelaine ; elle est exempte de ce sérieux inconvénient, qui rend la distribution et la mise en œuvre moins rapides et moins commodes, après un emballage et un transport plus onéreux et plus difficiles, par le fait que contenants et contenu ne font qu'un pour le volume, le poids brut et la dépense totale.

Au moment où ce travail paraissait dans le *Bulletin de la Réunion des Officiers*, nous apprenions que le ministre de la guerre de Belgique avait mandé à Bruxelles M. le docteur Meinert pour traiter de la mise en essai de ses produits dans l'armée belge. D'autre part, et nous le savons seulement aujourd'hui, dans les expériences comparatives faites par ordre des ministres de la guerre de Bavière et de Prusse, les préparations dont il s'agit ont été trouvées tellement supérieures à tous les produits similaires, que les commandants de compagnie, dans ces deux pays, ont été autorisés à s'entendre directement avec le propriétaire des brevets pour l'acquisition des quantités de *patent-fleischpulver* qu'il leur conviendrait de prendre, dans le but d'en faire un essai véritablement pratique.

Nous pensons avoir suffisamment démontré les avantages considérables qui résulteraient de l'adoption de ces procédés alimentaires, au double point de vue de la mobilisation et de l'approvisionnement, et nous n'avons plus qu'un vœu à émettre, c'est que des essais soient bientôt tentés en France comme ils le sont déjà chez nos voisins.

Juin 1881

3095 .   Paris. Imp. LALOUX fils et GUILLOT, 7, rue des Canettes.